LETTRE
A MONSIEUR FR**.
SUR
LA TRAGÉDIE
D'EPICARIS,

De Mr. le Marquis de XIMENES.

Représentée par les Comédiens ordinaires du Roi le 2. Janvier 1753.

Nec lædere, nec adulari.

Le prix est de six sols.

A PARIS,
Chez la V. CAILLEAU, Libraire, rue St. Jacques, au dessus de la rue des Mathurins, à Saint André.

M. D. CC. LIII.
Avec Approbation.

LETTRE
A MONSIEUR FR**.
SUR
LA TRAGÉDIE
D'EPICARIS.

L E mérite est souvent, Monsieur, un obstacle invincible pour réüssir en tout genre: à peine commence-t'il à percer, que mille concurrens jaloux s'unissent pour l'étouffer; au lieu que personne ne s'oppose à une médiocrité dont l'amour propre ne sçauroit être allarmé. La Tragédie d'Epicaris ou la Mort de Neron, par *Monsieur le Marquis de Ximénès*, qui fut représentée le 2. de ce mois, sert à confirmer la vérité de ce que j'avance. Cette Piéce qui porte l'empreinte du génie & du talent le plus marqué, fut jugée avec une rigueur ou plutôt avec une injustice dont il y a peu d'exemples. Une assemblée aussi brillante que nombreuse y assista. Tout Paris y étoit accouru, mais la plupart des Spectateurs, beaucoup plus dans le dessein de critiquer l'Auteur que de lui applaudir : on fut cependant forcé d'écouter tranquillement les trois premiers Actes ; mais quoiqu'on ne put s'empêcher de remarquer dans les deux derniers de beaux Vers, des traits frappans, des Scenes intéressantes, & dans tout l'Ouvrage, un stile noble & soutenu ; quelques défauts essentiels peut-être, mais toujours excusables dans un coup d'essai, décidérent de son sort. il fut malheureux ; Et en effet, pouvoit-il résister aux flots tumultueux d'un Parterre que la prévention dominoit, & à des tempêtes excitées par l'envie & par la cabale ?

Pour moi, qui ai toujours fait profession de l'impartialité la plus sévére, & qui ne suis point esclave des jugemens d'autrui, je veux aussi vous dire naturellement ce que je pense de ce Poëme tant critiqué

Epicaris n'est pas une excellente Tragédie; mais il s'en faut bien qu'elle soit aussi faible que des gens mal intentionnés ou des esprits prévenus voudroient le persuader. Les vrais connaisseurs dont le suffrage est préférable à celui de la multitude, lui ont rendu plus de justice; & pour prouver qu'elle en est digne, il me suffira, Monsieur, de vous en rappeller le précis Scene par Scéne, & d'y ajouter le plus de vers que j'ai retenus, afin de vous mettre en état de juger par vous même, du Sujet, de la Conduite, & du Stile.

ACTE I.

SCENE I.

Epicaris ouvre la Piéce par ces Vers.

Dieu des cœurs outragés, implacable vengeance,
Triste & terrible Dieu que malgré moi j'encense;
Au feu qui me dévore allume tes flambeaux;
Viens réparer ma honte & soulager mes maux.
Viens punir un Tiran que l'univers abhorre,
Qui m'arrache ce cœur, qui l'excusait encore.
Pardonne, ô ma patrie! à l'excès de mes feux:

Quand Neron me fut cher, il était vertueux.

Ensuite elle instruit *Phénice* sa confidente, des raisons qui la portent à conspirer contre *l'Empereur* : c'est qu'elle l'avoit secrettement épousé, avant qu'il parvint au Trône ; qu'elle en avoit un fils nommé *Drusus* ; qu'ayant consenti à son hymen avec *Octavie* pour l'affermir sur le Trône, & craignant dès lors pour ce fils, elle l'avoit souftrait à ses yeux, qu'il avoit fait périr un fils de *Galba*, qu'il croyoit être le sien ; que pour mettre le comble à ses outrages, au lieu de l'asseoir sur le Trône à la place d'*Octavie* morte, il lui préféroit sa rivale *Poppée*, que lasse enfin d'en essuyer outrages sur outrages, elle s'étoit unie à *Pison*, à *Traséas*, à *Vindex*, & à plusieurs autres Sénateurs pour délivrer le monde de ce monstre souillé de crimes.

SCENE II.

Pison & Traséas viennent s'entretenir avec elle sur les moyens d'exécuter leur projet, & pour sonder les dispositions de son cœur, l'un d'eux lui dit :

JE sçais que vos vertus égalent vos appas ;

Mais consultez-vous bien : connaissez l'inconstance
De l'amour qui peut-être arme votre vengeance;
Le dépit qu'il allume est souvent passager.
L'amour fit vos destins, l'amour peut les changer:
Souvent d'un prompt remord sa fureur est suivie.
Le repentir paraît, dès qu'elle est assouvie :
Il entre dans les cœurs qu'éclaire un jour affreux,
Et les plus satisfaits sont les plus malheureux.
Pour le vôtre aujourd'hui la vengeance a des charmes :
Peut-être son effet fera couler vos larmes;
Et désormais en proye aux regrets superflus,
Vous aimeriez Neron, si Neron n'était plus.

Rassuré par la réponse d'*Epicaris*, *Pison* lui annonce que tout est préparé; & que *Drusus* s'est uni à eux & veut avoir la gloire de porter les premiers coups. *Epicaris* frémit. *Pison* en est surpris. *C'est que Drusus est amoureux de Poppée*, repart Epicaris, *& qu'il peut commettre quelqu'imprudence funeste à nos projets. Non*, lui réplique Pison, *l'amour ne peut rien, Madame*,

Sur des cœurs généreux dont l'honneur est l'appui;
Et nous ne craignons rien, ni de vous, ni de lui.

A iiij

SCENE III.

Les Conjurés se retirent : *Epicaris*, par un Monologue qui termine l'Acte, médite sur les moyens d'éviter à *Drusus* un parricide, sans lui découvrir sa naissance, ni trahir les Romains.

ACTE II.

SCENE I.

CEt Acte commence par une Scéne fort belle dans laquelle *Néron* ouvre son cœur à *Tigellin* son confident, sur le meurtre d'*Agrippine* & d'*Octavie* par les vers suivans :

Tout mon cœur devant toi va paraître aujour-
d'hui.
Exempt des préjugés qui trompent le vulgaire,
Juge ce que j'ai fait & ce que j'ai dû faire.
Sur le Trône du monde où je n'étais pas né
Agrippine crut voir un Sujet couronné
Qui content d'un vain nom, soumis à sa tutelle,
Devait trainer sans gloire une enfance éternelle.
Sa fiére ambition m'envia ces grandeurs

Que me redemandaient ses cris & ses fureurs.
Elle voulait regner, & sa haine jalouse
Contre moi-même arma le nom de mon épouse ;
Et la faible Octavie attachée à son char
Crût pouvoir à son gré faire un nouveau César ;
Mais leur mort affermit mon heureuse puissance.

TIGELLIN.

De ce moment, Seigneur, votre regne commence.
Leur trépas importait à votre sureté ;
Et le conseil des Rois est la nécessité.

Ce même *Tigellin* le presse ensuite de se garantir des fureurs d'*Epicaris*, dont la jalousie, dit-il, est à craindre, Mais *Néron* rempli de sa passion pour *Poppée*, lui replique qu'il ne redoute rien, & que sa sévérité lui répond d'une soumission aveugle de la part des Romains.

Quelque soit la fureur de ses transports jaloux,
   (dit-il en parlant d'*Epicaris*,)
Je la connois ; l'amour éteindra son courroux.

   (Et parlant des Romains :)
Pallas, Plautus, Seneque immolés à tes yeux,
Ce reste de Romains encor séditieux,
En tombant sous mes coups, m'ont laissé leurs
   richesses.
L'amas de leurs trésors fournit à mes largesses.

Les Consuls que je nomme à l'ombre des faisceaux,
Magistrats condamnés aux langueurs du repos,
Etalent dans la pourpre au sein de la molesse,
Le luxe humiliant que ma pitié leur laisse :
Leur pouvoir n'est qu'une ombre : ils tremblent à ma voix,
Ma volonté prescrit, change ou restraint les loix,
&c.

(Puis revenant à son amour :)

Poppée enfin pour moi va mêler en ce jour
Aux lauriers des Césars les mirthes de l'amour.

SCENE II.

Poppée arrive ; *Néron* lui offre sa main & l'Empire : elle le refuse, sous prétexte que cet hymen acheveroit de soulever tous les Romains contre elle & contre lui, mais en effet, parce qu'elle aime *Drusus*. *Neron* surpris soupçonne qu'il a un rival. Il éclate en menaces, & en sortant ordonne à *Poppée* de se préparer à obéir.

SCENE III.

Poppée déplore dans un Monologue les rigueurs de son sort, & de celui de son Amant.

SCENE IV.

Drusus survient & fait à sa Maitresse des reproches qu'elle ne mérite pas. Elle se justifie, se plaint à lui de la violence que veut lui faire le Tiran, & lui fait part de ses craintes à ce sujet. *Drusus* irrité par ce discours, confie à *Poppée* le dessein qu'il a formé, de concert avec *Epicaris*, d'immoler *Néron*: tout lui paraît permis contre un rival odieux.

SCENE V.

Cependant *Epicaris* n'ômet rien pour l'en détourner. Afin d'y parvenir, elle lui rappelle les bienfaits & la confiance dont l'Empereur l'honore.

Laissez périr Néron (*dit-elle*) mais ne vous char-
 gez pas
D'un opprobre éternel & fait pour les ingrats.

Drusus étonné, veut sçavoir quel intérêt nouveau lui parle en faveur d'un Tiran qu'elle doit détester:

Quel intérêt! (*replique-t'elle*) un bien juste &
 bien tendre,
Dont ce cœur maternel ne sçaurait se défendre,

L'intérêt de mon fils...

Elle lui apprend que ce fils respire encore; mais qu'il seroit perdu si *Drusus* consommoit sa vengeance. *Drusus*, sans pénétrer le sens de ses discours, veut connaitre ce fils, & promet de l'épargner & même de le prendre sous son appui. *Epicaris* ne pouvant arrêter son bras, exige au moins de lui, & lui ordonne en quelque sorte d'attendre qu'elle ait pu entretenir son persécuteur. *Je vais*, dit-elle, *tenter un dernier effort sur l'ame de* Néron, *en lui représentant les dangers où sa tirannie l'expose*;

La crainte quelquefois,
Autant que la vertu parle aux ames des Rois.

« Mais si mes soins sont inutiles, comptez qu'après cette entrevue, je vous livrerai la victime & mon fils.

ACTE III.

SCENE I.

Néron accorde à *Epicaris* l'entretien qu'elle desire. Elle commence cette

Scéne pathétique par lui faire les reproches les plus vifs sur ses crimes & sur sa perfidie. Elle lui déclare le danger qui menace ses jours; que tous les Romains ont juré sa perte, & que s'il épouse *Poppée*, elle est inévitable. Le Tiran est inflexible: *Eh bien, frappe*, dit-elle, *Perce ce triste cœur,*

Qui brûla pour toi seul, & qui me fait horreur.
. . . .
Frappe, Néron; mais songe au moins que tu fus Pere;
Et souviens-toi d'un fils en immolant sa mere.

Néron, à qui ce discours fait comprendre que son fils n'est point mort, lui ordonne, s'il est vivant, de le remettre entre ses mains; & sur le refus d'*Epicaris*, il regarde cette nouvelle comme une imposture & pousse la barbarie jusqu'à se vanter à ses yeux d'avoir tué lui-même ce fils en faveur duquel elle l'implore.

SCENE II.

Cette Scéne est un Monologue, où *Epicaris* indignée dit que le parricide seul est digne de punir le parricide. Sur cela, elle prend le parti de laisser agir *Drusus*: mais sans lui découvrir que *Néron* est son pere.

Malgré l'horreur du coup qu'auront conduit mes soins,
(dit-elle,)
Il aura sa vertu qu'il me devra du moins :
Je prétens de son crime être seule chargée;
Et qu'il soit innocent quand il m'aura vengée.

SCENE III.

Drusus arrive; elle l'anime à la vengeance: *Mais, dit-il, vous ne me parlez plus de ce fils, dont le sort vous causoit tant d'inquiétude.* Epicaris répond qu'elle ne craint plus pour lui, qu'elle a pourvu à tout ce qui le regarde, & que ses jours sont en sureté.

SCENE IV.

La Scéne ▆▆▆ se passe entre *Drusus* & les principaux Conjurés. Ils s'animent l'un l'autre, & réünissent tous leurs efforts pour perdre le Tiran.

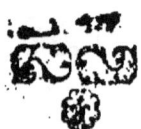

ACTE IV.
SCENE I.

CEt Acte ouvre par une Scéne très-courte entre *Poppée* & *Iras* sa confidente. *Poppée* qu'elle veut en vain consoler, lui peint vivement le trouble & les allarmes que lui causent le sort de *Drusus* & les soupçons dangereux de *Néron*. Elle lui ordonne même de faire venir son Amant pour concerter avec lui les moyens de prévenir ses fureurs. *Iras* obéit, & se retire.

SCENE II.

Poppée continue ses plaintes dans un Monologue fort touchant, en attendant *Drusus*.

SCENE III.

Drusus parait; *Poppée* l'entretient des soupçons de *Néron*, qui sont, dit-elle, des arrêts de mort ; & l'exhorte à se dérober par la fuite au courroux du Tiran : elle consent même, à cette condition, de vivre & de l'accompagner ; mais *Drusus* rejettant ce conseil timide, lui répond que les mesures sont si bien prises que l'Empereur ne peut échaper aux coups qu'on lui prépare, & que la conspiration est sur le point d'éclater.

SCENE IV.

Cependant *Néron* instruit par *Tigellin* que *Drusus* est son rival, & même conspire contre lui, arrive sur la Scéne, & le fait arrêter. *Poppée* fait, pour adoucir le Tiran, des efforts qui ne servent qu'à augmenter sa rage. *Néron* la menace de la mort, si elle ne le suit pas bien-tôt à l'Autel. Elle le refuse, & se répand en imprécations : *Néron* commande qu'on l'arrête; & les Gardes exécutent cet ordre.

SCENE V.

Un Officier de l'Empereur vient l'avertir que tout le peuple se souléve contre lui, que le péril presse; que les Gardes de *Drusus* sont séduits ; & que tout est à craindre de la part d'*Epicaris* & des Conjurés.

SCENE VI.

Demeuré seul avec *Tigellin*, *Néron* songe aux moyens de pourvoir à sa sureté en faisant périr ou arrêter tous ceux qui lui sont suspects. Son confident lui propose de mander *Epicaris*, de la flatter, & de feindre avec elle, pour tâcher de connaître par ce stratagême, les principaux chefs de la conspiration. Après avoir opposé à cet avis quelques réflexions sur la difficulté de regagner une Amante irritée, l'Empereur s'y rend, & ferme l'Acte par ces vers dignes du monstre qui les prononce.

Cette contrainte, hélas! est pénible & cruelle.
Qu'il en coûte à mon cœur pour un pareil effort!
Mais j'ai, pour m'en payer, son supplice & sa mort.

ACTE V.

SCENE I.

Neron fait venir *Epicaris*, qui séduite insensiblement par les discours artificieux d'un Tiran qu'elle a autrefois aimé, lui révele le secret de la conspiration, lui annonce tout ce qui va lui arriver, & lui avoue que *Drusus*, l'instrument de sa vengeance, est son propre Fils. Elle lui apprend ensuite que désespérée de tant d'horreurs, elle s'est empoisonnée.

SCENE II.

Sur ces entrefaites, les Conjurés qui ont délivré *Poppée* & *Drusus*, arrivent sur la Scéne; celui-ci le poignard à la main, veut l'enfoncer dans le sein de *Néron*. *Epicaris* l'arrête : *Que prétendez-vous faire ?* s'écrie *Drusus* surpris; à quoi *Epicaris* répond.

Des fureurs de son fils, je viens sauver ton Pere.

Un mortel effroi s'empare de *Néron* & de *Drusus*; & *Epicaris* après avoir encore prononcé quelques vers, expire du poison qu'elle a pris. Le pere & le fils se font ensuite de mutuels reproches : enfin *Drusus* sort, résolu de défendre son pere ou de mourir avant lui.

SCENE III.

Un Capitaine des gardes de *Néron*, vient lui proposer la fuite comme l'unique resource qui lui reste ; mais le Tiran la dédaigne, & prend le parti de se tuer.

Moi, fuir ? (*dit-il.*) Voilà l'instant qu'ont
 préparé mes crimes.
Rome, que j'inondai du sang de mes victimes,
Reçois enfin le mien... Devoir, nature, amour,
Rentrez dans tous vos droits ; je vais perdre le jour
Noble & fatal orgueil du sang qui m'a fait naître.
En le voyant couler, on va te reconnaître.

SCENE IV. ET DERNIERE.

L'arrivée de *Pison* qui accable *Néron* de reproches, & qui lui ordonne de venir rendre compte au Sénat de ses excès, achéve de le déterminer à se donner la mort, en invectivant contre sa Patrie par ces vers qui terminent toute la Piéce.

De ce cruel Sénat, je brave la furie...
 (*Il se tue.*)
Puissent mes successeurs, afin de l'en punir,
Reproduire mon Règne aux siécles à venir.
Puisse sous leurs efforts s'écrouler cet Empire.
Je meurs dans cet espoir...qu'on m'emporte,
 j'expire.

Vous voyez, Monsieur, par cet Extrait, que si la Tragédie d'*Epicaris* est défectueuse à quelques égards, c'est plutôt par le choix du sujet qui est presque intraitable, que par la maniére dont elle est conduite, ou par la poésie du stile. Quant aux caractéres, il faut avouer qu'il ne sont pas tous d'une égale force. Celui de *Néron* m'a cependant paru bien tracé, bien nuancé, & très bien soutenu. *Epicaris* est moins intéressante dans les derniers Actes que dans les premiers, elle est même assez embarassée de sa personne au cinquiéme Acte, & le parti qu'elle y prend n'est point celui que devoit prendre une femme à sa place. Je desirerois aussi que *Drusus* & *Poppée* y fussent plus en action : & que les Conjurés y employassent un peu plus de ces grands ressorts qu'on fait mouvoir sur la Scéne pour détruire les Tirans, & annoblir par là le Sujet de la Piéce.

La versification est la partie la mieux traitée: elle est presque toujours élégante, pure, poëtique, harmonieuse; & si ce brillant coloris eut été repandu sur un meilleur fonds, l'Ouvrage, malgré la cabale, auroit infailliblement réussi : les différens morceaux que j'ai cités suffisent pour vous convaincre du mérite de ses Vers ; en voici d'autres qui ne sont pas moins beaux, & que l'Auteur jugea pourtant à propos de retrancher, la veille de la représentation. Ils faisoient partie de la premiere Scéne du second Acte entre *Néron* & *Tigellin.* Le premier difoit en parlant des Romains :

Oui, tel eft, cher Ami, le fort des Souverains
Que la crainte peut feule enchaîner les humains.
Le trépas de Lucain & de Séneque même
Affermit fur mon front mon fanglant Diadéme.
Rome entiere en filence & dans l'étonnement
Tremble encor de leur crime & de leur châtiment.
Elle fçait que l'un d'eux dans fa trifte manie,
Conduit par un inftinct qu'il prenait pour Génie,
Plein de la faction qu'il chanta dans fes vers,
Se crut né pour changer le fort de l'univers;
Et jaloux d'un talent, qu'il m'enviait peut-être,
Ne put même fouffrir un rival dans fon Maître.
Mais fi la vérité perçant la nuit des tems,
Conferve aux Nations les forfaits éclatans ;
De quels yeux l'avenir pourra-t'il voir un homme
Dont la vaine fageffe éblouit encor Rome,
Dont la voix éloquente enfeignait les vertus,
Confolait les humains par le fort abbatus,
Couvrant tant de fureur fous tant d'hipocrifie,
Comblé de mes bienfaits attenter fur ma vie !
N'eft-il point de vertu !

TIGELLIN.

Ce fourbe ambitieux,
Sous un voile impofteur, a trompé tous les yeux:
Mais ce coupable adroit que le vulgaire honore,

De la nuit du tombeau, peut vous poursuivre encore.

Son ombre, son nom seul sont à craindre aujourd'hui.

NERON.

Sylla, Pallas, Plautus qui conspiraient pour lui, En tombant sous mes coups m'ont laissé leurs richesses, &c.

. . . .

Quel stile ! quelle énergie ! & quel heureux choix de pensées & d'expressions ! ce ne sont pas là de ces vers boursoufflés dont l'Auteur d'EGYPTUS voudroit bien introduire la mode.

Je suis, Monsieur,

Votre très-humble & très-obéissant serviteur,

G... DOURX.

A Paris le 31. Janvier 1753.

Lû & approuvé ce 1 Février 1753. CREBILLON. Vû l'Approbation, permis d'imprimer à la charge d'Enrégistrement à la Chambre Syndicale, ce 3 Février 1753. BERRYER. Régistré sur le Livre de la Communauté des Libraires & Imprimeurs de Paris, N°. 3567. conformément aux Réglemens, & notamment à l'Arrêt du Conseil du 10 Juillet 1745. A Paris, le 6. Février 1753. B. BRUNET, Adjoint.

LIVRES NOUVEAUX

Qui se vendent chez le même Libraire.

L'Infortuné François, ou les Mémoires & Aventures du Marquis de Courtanges, *Traduits de l'Anglois.* 1 l. 4 f.

Alzate ou le Préjugé détruit, Comédie nouvelle en un Acte, en vers, par Mr. Gazon Dourxigné. 1 l. 4.

Le Poisson d'Avril & autres Piéces. 4 f.

L'Art de deviner, ou la Curiosité satisfaite, Almanach Lyrique pour l'année 1753. par Mr. C**.

Choix d'amusemens Historiques & Lyriques, ou Calendrier curieux, & amusant, par le même.

Lettre à Mr. Fréron sur la Tragédie d'Epicaris, par M. Gazon Dourxigné. 6 f.

La Rencontre imprévue, ou la Surprise des Amans, Comédie nouvelle en trois Actes, représentée par les Comédiens ordinaires du Roi. *Sous presse.*

Poësies variées de M. Coulange, Docteur en Médecine de la Faculté de Montpelier, divisées en trois parties. 1 vol. *in* 12. *sous presse.*

Il se trouve chez le même Libraire, un assortiment général de toutes sortes de Livres, tant de France que des pays Etrangers, & des Piéces de Théatre détachées, tant Tragédies, Comédies, Opera-comiques & autres.

www.ingramcontent.com/pod-product-compliance
Lightning Source LLC
Chambersburg PA
CBHW070544050426
42451CB00013B/3163